mis primeras palabras en filipino

Guía infantil de la lengua y la
cultura filipinas

Este libro pertenece a:

Índice

Familia

ina
(EE-na)
madre

ama
(AH-ma)
padre

kapatid
(ka-PA-tid)
hermano

pinsan
(PIN-sahn)
prima

1

lola
(LO-la)
abuela

lolo
(LO-lo)
abuelo

bata
(bA-ta)
hijo

kaibigan
(ka-i-BIG-an)
amigo

2

Hora De La Comida

kain
(KA-in)
comer

kutsara
(koot-SA-ra)
cuchara

tinidor
(tee-NEE-dor)
tenedor

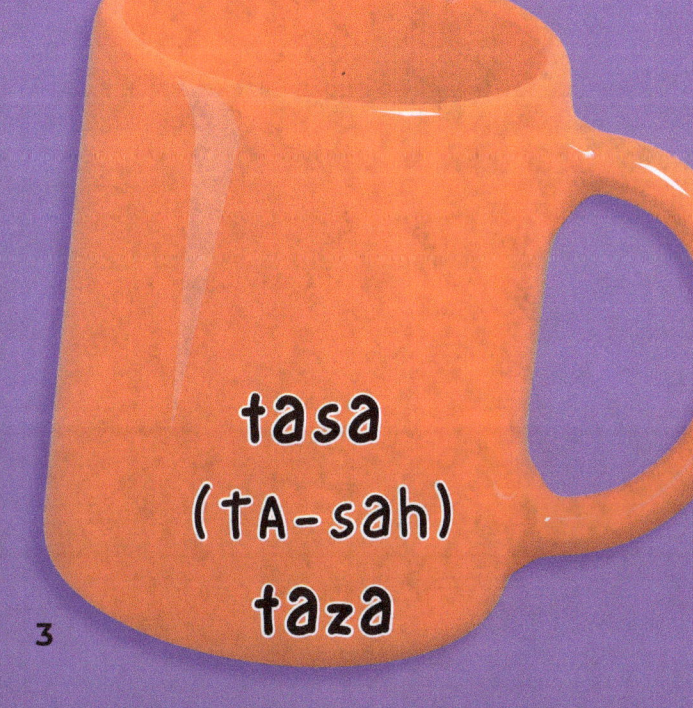

tasa
(TA-sah)
taza

inom
(inom - EE-nom)
bebida

3

plato

(PLA-to)

plato

mangkok

(mang-KOK)

cuenco

mesa

(ME-sa)

mesa

silya

(seel-YA)

silla

Comida Y Bebida

langka
(LANG-ka)
yaca

niyog
(nee-YOG)
coco

mais
(MAH-ees)
maíz

santol
(SAN-tol)
fruta del algodón

bayabas
(ba-YA-bas)
guayaba

5

ampalaya
(am-pa-LAY-a)
melón amargo

malunggay
(ma-LOONG-gay)
moringa

kangkong
(KANG-kong)
espinaca de agua

labanos
(lah-BAH-nos)
rábano

kamote
(ka-MO-te)
batata

luya
(LOO-ya)
jengibre

sibuyas
(see-BOO-yas)
cebolla

bawang
(BA-wang)
ajo

sili
(SEE-lee)
chile

keso
(KE-so)
queso

tinapay
(tee-NA-pay)
pan

mantikilya
(man-tee-KEEL-ya)
mantequilla

kanin
(KA-neen)
arroz

8

Hora Del Baño

hugas
(HOO-gas)
lavar

bula
(BOO-lah)
burbujas

tuwalya
(too-WAL-yah)
toalla

sabon
(SAH-bon)
jabón

9

tabo

(TAH-bo)

cazo

timba

(TIM-bah)

cubo

sepilyo

(seh-PEEL-yo)

cepillo de dientes

suklay

(sook-LAY)

peine

10

Hora De Dormir

tulog
(too-log)
dormir

kama
(KAH-ma)
cama

unan
(oo-nan)
almohada

kumot
(KOO-mot)
manta

kutson
(KOOT-son)
colchón

tsinelas
(chee-NE-las)
zapatillas

kurtina
(koor-TEE-nah)
cortinas

kwento
(KWEN-to)
cuento

Ropa

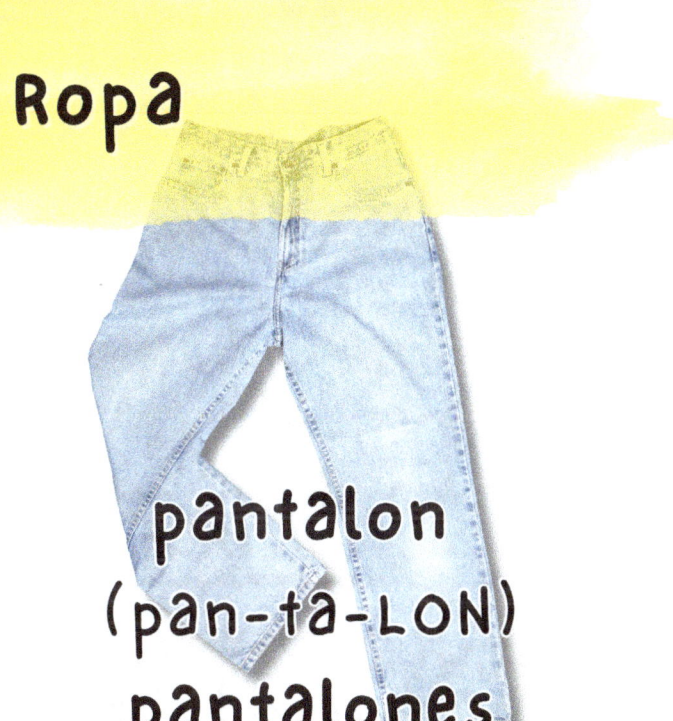

pantalon
(pan-ta-LON)
pantalones

palda
(PAL-da)
falda

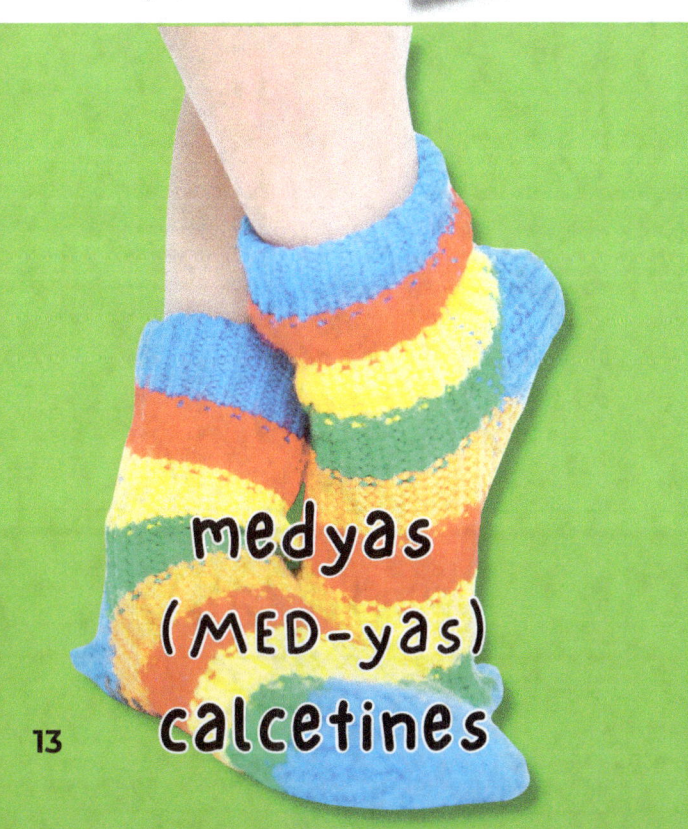

medyas
(MED-yas)
calcetines

sapatos
(sa-PA-tos)
zapatos

13

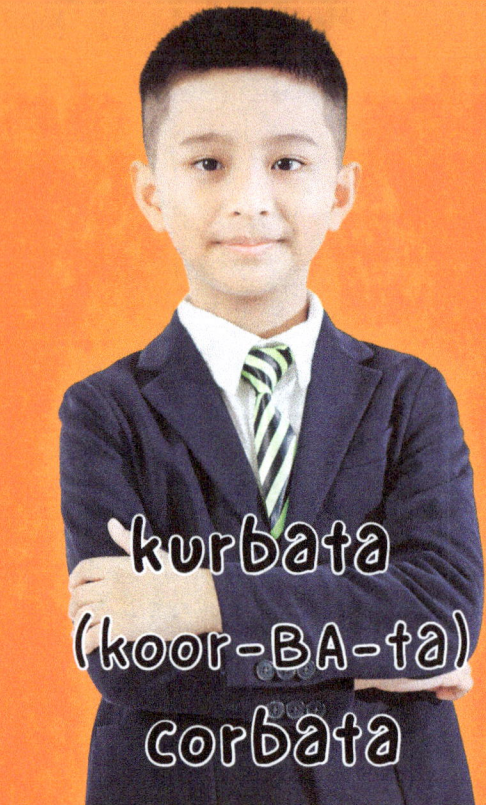

kurbata
(koor-BA-ta)
corbata

kapote
(ka-PO-te)
impermeable

sombrero
(som-BRE-ro)
sombrero

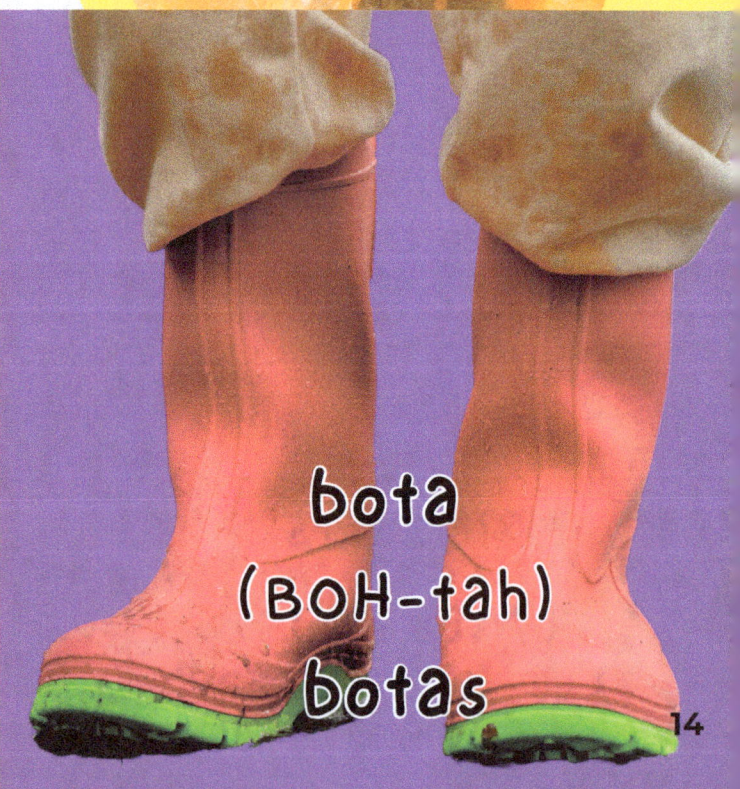

bota
(BOH-tah)
botas

Números

isa
(EE-sah)
uno

dalawa
(da-LA-wah)
dos

tatlo
(TAT-lo)
tres

apat
(AH-pat)
cuatro

lima
(LEE-mah)
cinco

anim
(AH-nim)
seis

pito
(PEE-toh)
siete

walo
(WA-loh)
ocho

siyam
(SEE-yam)
nueve

sampu
(SAM-poo)
diez

16

Colores

puti
(POO-tee)
blanco

pula
(POO-lah)
rojo

kahel
(KA-hel)
naranja

kayumanggi
(ka-yoo-MANG-gee)
marrón

dilaw
(DEE-law)
amarillo

17

bughaw
(boog-HAW)
azul

berde
(BER-deh)
verde

itim
(EE-teem)
negro

rosas
(RO-sas)
rosa

lila
(LEE-la)
morado

18

Medio Ambiente

langit
(LAH-ngit)
cielo

buwan
(boo-WAN)
luna

bituin
(beet-WEEN)
estrella

araw
(A-raw)
sol

puno
(POO-no)
árbol

bulaklak
(boo-LAK-lak)
flor

dahon
(DA-hon)
hoja

bato
(BA-to)
piedra

20

Partes Del Cuerpo

ulo
(OO-lo)
cabeza

mata
(MA-ta)
ojo

ilong
(ee-LONG)
nariz

buhok
(boo-HOK)
pelo

tenga
(TEH-nga)
oreja

21

ngipin
(NGEE-peen)
dientes

dila
(DEE-la)
lengua

paa
(PAH-ah)
pie

labi
(LAH-bee)
labios

kamay
(ka-MAY)
mano

22

Animales

aso
(AH-so)
perro

pusa
(POO-sa)
gato

kuwago
(koo-WA-go)
búho

isda
(EES-da)
pez

kabayo
(ka-BA-yo)
caballo

baboy
(BA-boy)
cerdo

manok
(ma-NOK)
pollo

kambing
(kam-BING)
cabra

24

pagong
(pa-GONG)
tortuga

pusit
(POO-sit)
calamar

hipon
(HEE-pon)
gamba

alimasag
(a-lee-MAH-sag)
cangrejo

25

bubuyog
(boo-BOO-yog)
abeja

suso
(SOO-so)
caracol

gagamba
(ga-GAM-bah)
araña

ahas
(AH-has)
serpiente

26

Objetos Cotidianos

relo
(RE-lo)
reloj

telepono
(te-le-PO-no)
teléfono

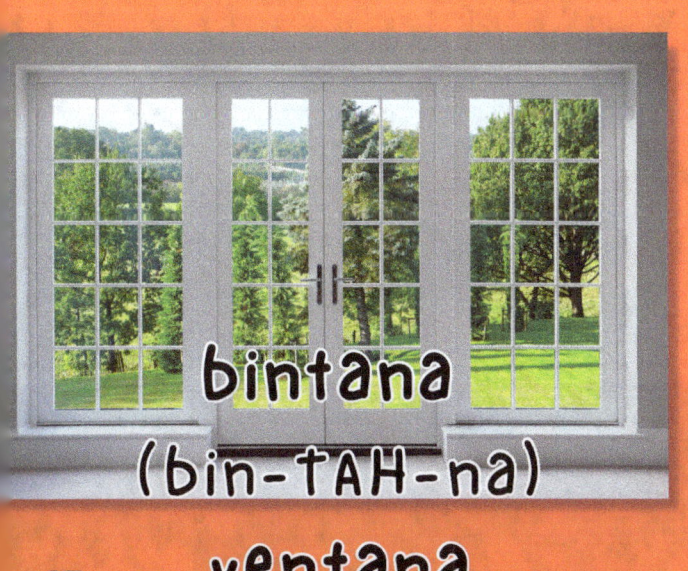

bintana
(bin-TAH-na)
ventana

27

pintuan
(pin-too-an)
puerta

payong
(PAH-yong)
paraguas

ilaw
(EE-law)
luz

bentilador
(ben-tee-LAH-dor)
ventilador

gunting
(GOON-ting)
tijeras

28

transporte

kotse
(KOT-seh)
coche

bisikleta
(bee-sik-LE-ta)
bicicleta

motorsiklo
(mo-tor-SIK-lo)
motocicleta

tren
(TREN)
tren

29

bus
(boos)
autobús

barko
(BAR-ko)
barco

eroplano
(e-rop-LA-no)
avión

Palabras De Acción

laro
(LA-ro)
jugar

takbo
(TAK-bo)
correr

lakad
(LA-kad)
caminar

upo
(OO-po)
sentarse

31

tayo
(TA-yo)
estar de pie

talon
(TA-lon)
saltar

palakpak
(pa-LAK-pak)
aplaudir

tawa
(TA-wa)
reír

32

Ocupaciones

guro
(GOO-ro)
profesor

magsasaka
(mag-sa-SA-ka)
granjero

mangingisda
(ma-ngi-NGEES-da)
pescador

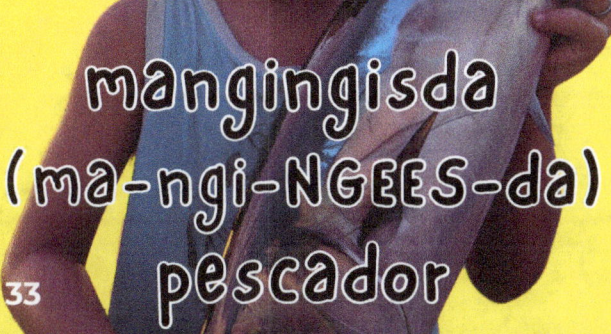

pulis
(POO-lis)
policía

bombero
(bom-BE-ro)
bombero

panadero
(pa-na-DE-ro)
panadero

karpintero
(kar-pin-TEH-ro)
carpintero

kusinero
(koo-see-NEH-ro)
chef

Emociones

masaya
(ma-SA-ya)
feliz

galit
(GA-lit)
enfadado

takot
(TA-kot)
asustado

gulat
(GOO-lat)
sorprendido

35

pagod
(PA-god)
cansado

gutom
(GOO-tom)
hambriento

uhaw
(oo-haw)
sediento

hiya
(hee-YA)
tímido

36

Me encantaría saber de ti...

¡Espero que su hijo haya disfrutado explorando el filipino con nosotros! Nos encantaría conocer su experiencia con "Mis primeras palabras en filipino". Sus comentarios nos ayudan a apoyar a otras familias en su viaje de aprendizaje de idiomas.

https://go.binnovatedigital.com/SpanishFilipino

Escanee el código QR con la cámara de su teléfono
o copie el enlace en el navegador de su teléfono u ordenador.

Estoy muy agradecida por su tiempo. ¡Muchas gracias!

Con cariño,

Emma

www.ingramcontent.com/pod-product-compliance
Lightning Source LLC
Chambersburg PA
CBHW081541120626
46550CB00009B/2815